MW01206305

Reglas sociales para niños

27 principios para dominar las interacciones respetuosas y desarrollar la autoestima, la inteligencia emocional y las relaciones positivas

Índice

Carta de presentación a los padres

Estimados padres,

Es normal que le preocupe el desarrollo social de su hijo. Cada niño es diferente, y a algunos les cuesta más que a otros aprender las reglas de las interacciones sociales.

Puede que su hijo tenga que enfrentarse a problemas como el acoso escolar o le cueste relacionarse con sus compañeros. Algunos niños son tímidos por naturaleza, mientras que otros no saben cómo iniciar una conversación o comunicarse con los demás. Comprenda que esto es normal. A esta edad, su pequeño aún está navegando por el mundo que le rodea y aprendiendo a relacionarse con los demás. Naturalmente, le cuesta: *nadie nace con habilidades sociales*. Las aprenderá por el camino. Este libro pretende ayudar a los niños a aprender las reglas sociales y darles consejos prácticos y divertidos para mejorar sus interacciones con los demás.

Debe seguir el progreso de su hijo, pero no presionarle. La presión puede provocar ansiedad y desarrollar o empeorar la ansiedad social. Debe animarle, pero espere a que esté preparado para compartir. Recuerde que, aunque su hijo necesita relacionarse con los demás, rara vez es necesario obligarle a relacionarse con personas concretas. No se preocupe por su hijo, aprenderá todo lo necesario para ser más sociable y comunicativo, y usted notará cambios en él que le harán sonreír de orgullo.

Este libro ayudará a su hijo a mejorar sus habilidades sociales y su inteligencia emocional, a comunicarse mejor y a desarrollar la confianza en sí mismo. ¡Gracias por comprarlo para su hijo!

Carta de presentación a los niños

Hola,

Este libro está aquí para ayudarte. Te ayudará a llevarte mejor con todo el mundo en el colegio, a hablar en clase sin miedo, ¡y a adquirir habilidades que también necesitan los mayores!

Te han dado este libro, porque la gente te quiere. No es porque tengas algún problema. Todos necesitamos un poco de ayuda de vez en cuando. A veces los padres y los profesores tienen muchas otras cosas que hacer, así que este libro te permite trabajar las cosas a tu tiempo, a tu manera.

En este libro aprenderás muchas cosas interesantes que harán que socializar y mantener conversaciones con otras personas sea fácil y divertido. Ya no te dará miedo hablar con los demás ni te pondrás nervioso cuando hables delante de tu clase. Se te dará tan bien que conversarás fácilmente con tus compañeros y harás amigos. Por ejemplo, descubrirás qué es la empatía y cómo ponerte en el lugar de los demás. Esta gran habilidad te hará comprender mejor a tu familia y a tus amigos.

¿Sabes que puedes saber lo que alguien quiere decir incluso cuando está callado? No, no hace falta ser Harry Potter ni aprender el hechizo perfecto para leer la mente de las personas. Solo tienes que fijarte en su cara y en su cuerpo, y entenderás cómo se sienten. En este libro aprenderás estos trucos y muchos más. La diversión no acaba aquí, también aprenderás formas geniales de controlar tus emociones y reacciones, hacer amigos, resolver problemas, tener más confianza en ti mismo y (esta podría ser la mejor parte) aprenderás a enfrentarte a los acosadores y a protegerte de ellos. Impresionante, ¿verdad?

Nunca tengas miedo de hacer preguntas y pide ayuda a un adulto de confianza, ellos quieren ayudarte. Comparte tus progresos con tus padres y presume de lo que sabes hacer.

Los consejos de este libro son fáciles y divertidos e incluyen actividades que puedes hacer con tus amigos.

Sección 1: Interacciones sociales

Todos tenemos que interactuar socialmente, aunque no siempre queramos. Estas interacciones pueden ser como campos de minas.

A veces, las interacciones pueden parecer campos de minas
https://pixabay.com/photos/sign-danger-beware-mines-dangerous-5458066/

Recuerda que todos metemos la pata alguna vez. Piensa en ocasiones en las que tus amigos han dicho o hecho cosas que te han molestado sin querer. No hay una manera fácil de manejar cada interacción.

Sin embargo, hay tres principios que pueden ayudarte: respeto, educación y amabilidad. Ser amable primero marca una diferencia significativa. Estos tres principios y todos los demás (en cada sección) son como una red de habilidades sociales: juntos son más fuertes.

27 PRINCIPIOS

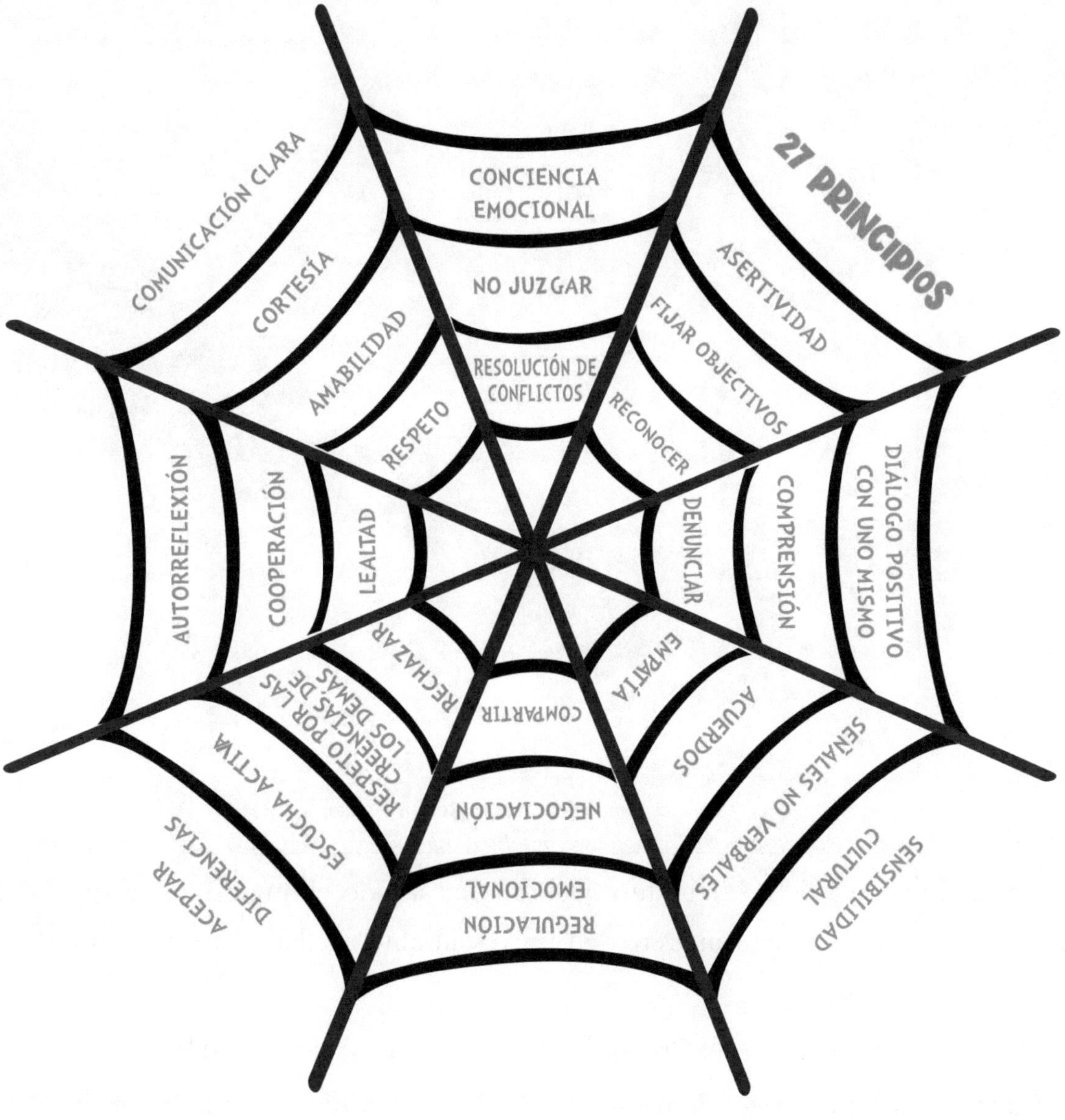

27 PRINCIPIOS

CONCIENCIA EMOCIONAL

NO JUZGAR

RESOLUCIÓN DE CONFLICTOS

ASERTIVIDAD

FIJAR OBJECTIVOS

RECONOCER

DIÁLOGO POSITIVO CON UNO MISMO

COMPRENSIÓN

DENUNCIAR

SEÑALES NO VERBALES

ACUERDOS

EMPATÍA

SENSIBILIDAD CULTURAL

REGULACIÓN EMOCIONAL

NEGOCIACIÓN

COMPARTIR

ACEPTAR DIFERENCIAS

ESCUCHA ACTIVA

RESPETO POR LAS CREENCIAS DE LOS DEMÁS

RECHAZAR

AUTORREFLEXIÓN

COOPERACIÓN

LEALTAD

COMUNICACIÓN CLARA

CORTESÍA

AMABILIDAD

RESPETO

Principio 1: Respeto

En este caso, respeto no significa colocar a alguien por encima de ti. Puede que los profesores te pidan que seas respetuoso, es decir, que hagas lo que te digan. Sin embargo, este no es ese tipo de respeto. La otra definición es preocuparse por los sentimientos, deseos, derechos y tradiciones de los demás: esta es la correcta.

Todo el mundo debe ser tratado con respeto
https://unsplash.com/photos/9cd8qOgeNIY?utm_source=unsplash&utm_medium=referral&utm_content=creditShareLink

Este respeto puede y debe ser mutuo. Debes tratar a todo el mundo con respeto. Observa cómo tratan los adultos a los camareros en un restaurante, te darás cuenta de que unos son respetuosos y otros no.

Aquí tienes cuatro ejercicios que te ayudarán a ser más respetuoso con los demás:

1. **Juegos de rol.** Los juegos de rol son divertidos y te ayudan a ser más creativo. Crea una situación en la que se necesite respeto y represéntala con tus amigos. Una persona puede fingir que es nueva en clase, elegir un tema en el que no estén de acuerdo, como el argumento de un dibujo animado, y practicar la discusión respetuosa.

2. **Círculo de respeto.** Colócate en círculo con tus amigos. Cada uno dice algo respetuoso sobre la persona de su izquierda, como "Me encanta oír hablar de las tradiciones de tu familia".
3. **Afirmaciones de respeto.** Escribe cosas respetuosas en las que quieras trabajar, empezando por "lo hare". Puedes pedir ideas a tus padres.
4. **Palabras de respeto.** Escribe el mayor número posible de palabras asociadas al respeto. Este ejercicio te ayuda a definir mejor el respeto para que puedas hacerlo mejor.

Principio 2: Cortesía

Ser cortés consiste en seguir unas normas. Seguro que alguien te ha dicho que cuides tus modales, lo que significa decir "por favor" y "gracias". Puede que estas palabritas no parezcan gran cosa, pero son como los rodamientos de una rueda de bicicleta. Hacen que todo vaya sobre ruedas.

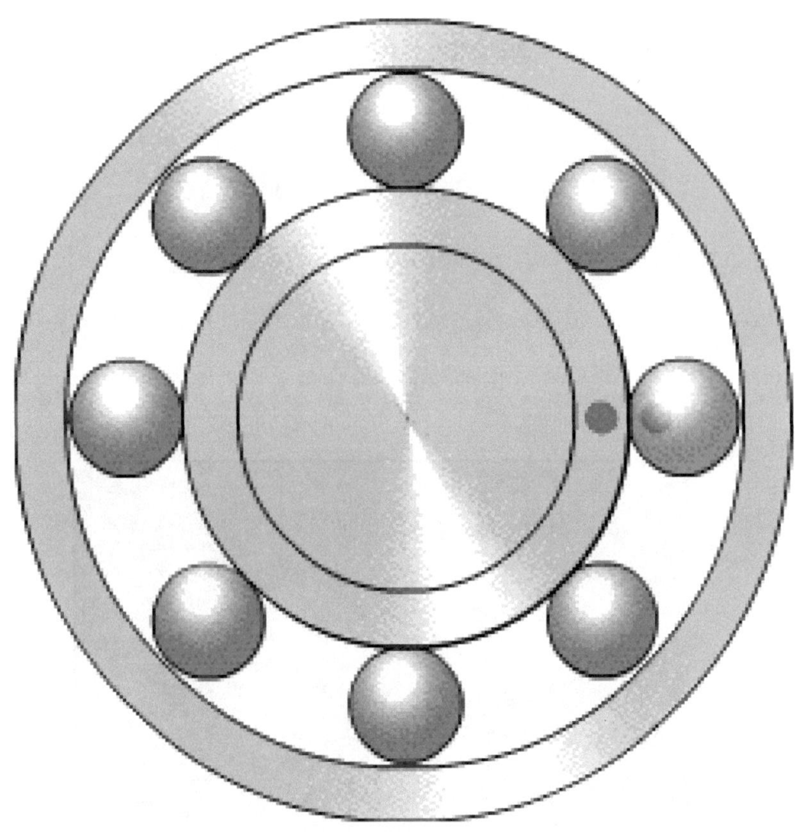

Ser cortés hace que todo vaya sobre ruedas, como los rodamientos

PlusMinus, CC BY-SA 3.0 <http://creativecommons.org/licenses/by-sa/3.0/>, via Wikimedia Commons: https://commons.wikimedia.org/wiki/File:BallBearing.gif

Puedes practicar la cortesía con tus amigos y tu familia. Es fácil no ser cortés cuando conoces a alguien, pero puedes perder el hábito.

Aquí tienes cuatro ejercicios para practicar la cortesía:

1. **El ruido grosero.** Reúnete con tus amigos y haz un ruido grosero cuando pilles a un amigo que no está siendo educado. Piensa en imitar el "timbre equivocado" de tu concurso favorito.
2. **Caja de buenos modales.** Toma una caja y mete en ella un trozo de papel cada vez que hagas algo educado, como decir por favor, sujetar la puerta a alguien que tiene las manos ocupadas, etc. Pide a tus padres una pequeña recompensa cuando la caja esté llena.
3. **Escribe una nota de agradecimiento** a alguien que haya hecho algo bueno por ti (o escribe una a tus padres). Las notas de agradecimiento también las aprecian los mayores.
4. **Investiga los buenos modales en otra cultura.** No todo el mundo hace las cosas igual. Pide a un adulto que te ayude a investigar. (Esto también ayuda con el respeto).

Principio 3: Amabilidad

El diccionario define la amabilidad como "ser amable, generoso y considerado".

Ser amable es demostrar que te preocupas por la gente. Tu familia y tus amigos no saben que te preocupas por ellos a menos que se lo digas y se lo demuestres. No pueden leerte la mente.

Debes pensar detenidamente lo que quiere decir y asegurarte de que suena amable
https://pixabay.com/illustrations/brain-question-thinking-4721936/

En las interacciones sociales, debes pensar todo lo que dices y asegurarte de que demuestra que te importa. La maldad es lo contrario de la amabilidad. Piensa en las cosas malas que has oído y dicho esta semana.

Aquí tienes cuatro ejercicios para practicar la amabilidad:

1. **Haz un acto de amabilidad al azar.** Haz algo por alguien que no conozcas muy bien. Puede ser recoger algo que se le ha caído a un desconocido y asegurarte de que lo recupera o dejar que alguien se adelante a ti por una puerta.
2. **Círculo de halagos.** Esto es como el círculo de respeto, excepto que en vez de eso haces un cumplido a la persona de tu izquierda, como: "Lo has hecho bien en clase de matemáticas" o "Me encanta cómo te has peinado hoy".
3. **Halágate a ti mismo.** Tienes que ser amable contigo mismo para ser amable con los demás. Di algo a ti mismo que dirías a un buen amigo cada día.
4. **Pon en práctica el principio T.H.I.N.K,** del acrónimo en inglés: True (verdadero, Helpful (útil), Inspiring (inspirador), Necessary (necesario), Kind (amable). Antes de abrir la boca, pregúntate si lo que vas a decir es verdadero, útil, inspirador, necesario y amable. A veces hay que decir algo duro porque es necesario, pero también debe ser útil y ser dicho con amabilidad.

Sección 2: Empatía y comprensión

Aviso para los padres: En esta sección se tratan conceptos como el juicio y la parcialidad. Si le preocupa que el contenido de este capítulo pueda afectar a las creencias de su hijo, pídale que se lo salte.

Tener empatía y comprensión, es decir, pensar en cómo ven los demás una situación, puede ser todo un reto, pero piensa en el último libro que has leído. Cuando lees un libro, ves la situación a través de los ojos de otra persona, que puede ser muy diferente a ti. Eso es *empatía.*

Cuando lees un libro, ves las situaciones desde otra perspectiva
https://unsplash.com/photos/p_KJvKVsH14?utm_source=unsplash&utm_medium=referral&utm_content=creditShareLink

Los tres principios son la empatía, la comprensión y el no juzgar. Es fácil jugar a ser juez y jurado sobre lo que hacen los demás, sobre todo si te hace daño. No todo el que te hace daño lo hace *a propósito.*

Mostrar empatía, comprensión y no juzgar ayuda a interactuar con los demás, por lo que les pone de tu parte y evita peleas.

Principio 4: Empatía

No se trata de un libro de ciencia ficción que lees o de una serie que ves en la que un personaje puede sentir los sentimientos de otras personas. La empatía consiste en imaginar lo que siente otra persona. A algunas personas les resulta más fácil que a otras, y eso está bien. ¿Has oído la expresión "Ponte en el lugar de otro"? Esto es la empatía. Es la capacidad de saber cómo se siente otra persona, aunque nunca hayas estado en su situación.

Significa que cuando otra persona está sufriendo, puedes imaginar cómo sería ser ella, lo que te ayudará a tratarla de forma que la ayudes sin hacerle más daño. Por ejemplo, tu amigo está triste, porque su abuelo está enfermo. Aunque tus dos abuelos estén sanos y ninguno de los miembros de tu familia haya estado enfermo antes, entenderás el dolor y la tristeza por los que está pasando tu amigo. Así que estarás a su lado, le apoyarás y le escucharás cuando quiera hablar.

Un ejemplo de empatía es que cuando alguien llora, puedes imaginar cómo se siente
https://unsplash.com/photos/svSclvGGJv4?utm_source=unsplash&utm_medium=referral&utm_content=creditShareLink

Algunas personas tienen problemas con la empatía y pueden necesitar mucha ayuda, quizá de un profesional.

Aquí tienes cuatro ejercicios para mejorar la empatía:

1. **Lee un libro sobre alguien muy diferente a ti.** Pide a tus padres o al bibliotecario del colegio que te ayuden a elegir un libro adecuado. Mejor aún, pide a tus amigos que lean el mismo libro para que puedan hablar del personaje y de la historia.
2. **Juega a las charadas emocionales con tus amigos.** Las charadas emocionales son un juego en el que una persona representa una emoción y los demás deben adivinar cuál es. Luego se intercambian.
3. **Haz un mapa de empatía.** Elige una emoción, luego escribe todo lo que puedas oír, pensar y sentir, decir y hacer, y comprueba si te has sentido así.

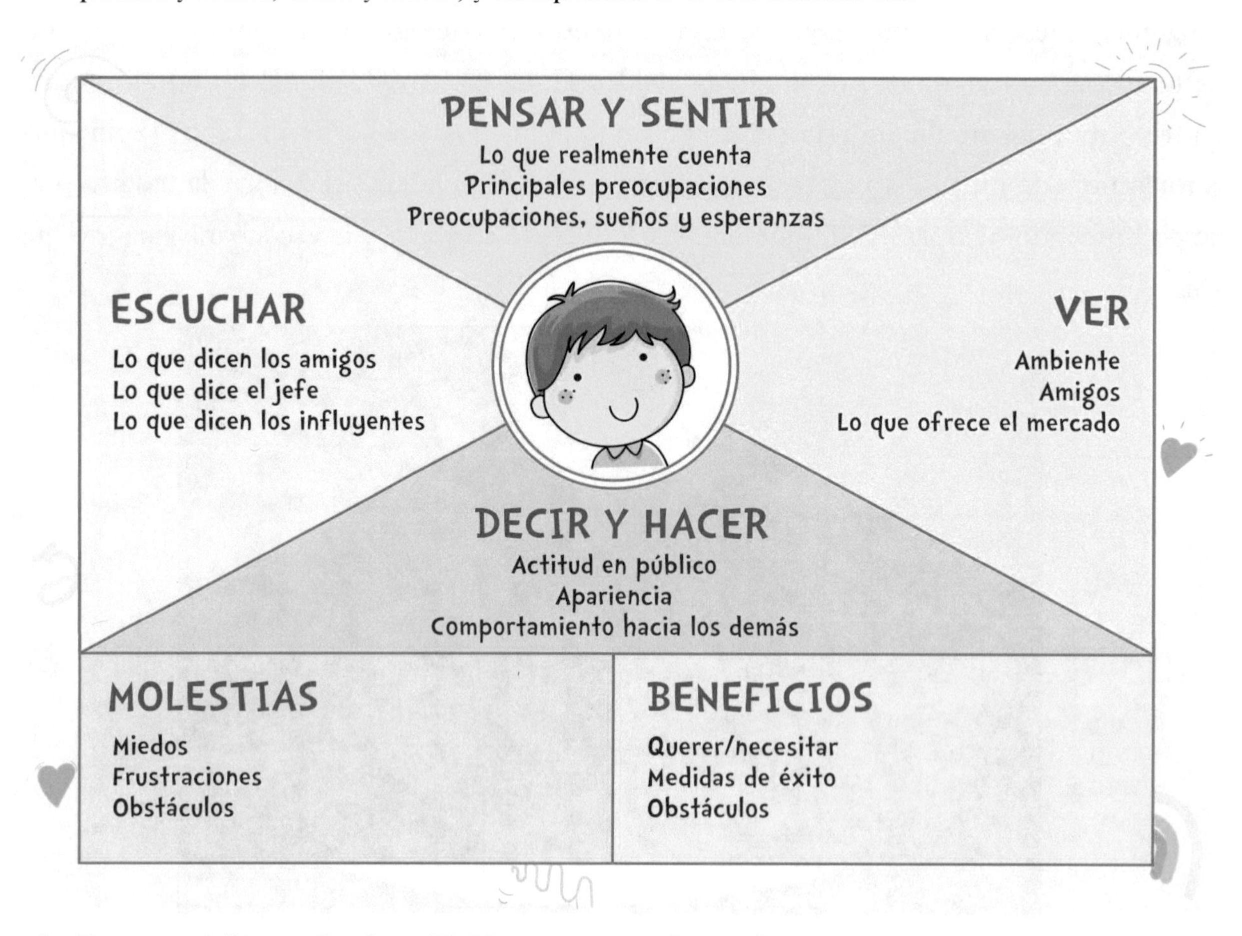

4. **Responsabilízate de algo.** Habla con tus padres sobre una mascota o una planta en tu habitación o practica "cuidando" de un peluche o consigue una aplicación para el móvil con una mascota virtual.

Principio 5: Comprensión

En este caso, "comprensión" significa ser consciente y tolerante con los sentimientos de los demás. Es un paso más allá de la empatía, porque la empatía es saber lo que sienten, la comprensión es permitirles sentirlo.

Por ejemplo, Philip está muy enfadado, porque han cancelado su serie favorita. Tú crees que esa serie es estúpida. La empatía es saber que están enfadados. Comprender es aceptar que están enfadados, aunque no estés de acuerdo.

Las cosas que te molestan a ti pueden no molestar a los demás.

Cómo mejorar la comprensión:

1. **Errores en la historia.** Pide a un amigo o a un adulto de confianza que te lea una historia conocida y que cometa errores. Cuéntales cuántos has detectado. Te ayudará a escuchar mejor lo que dicen los demás.
2. **Haz una lista de valores.** Escribe los valores que son importantes para ti. Recuerda que todo el mundo tiene también uno. Esta lista te ayuda a entenderte mejor a ti mismo.
3. **Debate.** Elige un tema sobre el que no te acalores demasiado y debate con un amigo. Cambia de bando. Debatir sobre algo con lo que no estás de acuerdo te ayuda a entender el punto de vista de los demás.
4. **Haz una lista de los puntos fuertes de tus amigos.** Elige a uno de tus amigos y escribe una lista de sus puntos fuertes y buenas cualidades. Pídeles que hagan lo mismo contigo.

Principio 6: No juzgar

No juzgar puede ser lo más difícil de practicar. Juzgar a la gente es natural, incluso juzgarte *a ti mismo.*

El mundo puede parecer muy crítico a veces. Te califican juzgándote por lo bien que lo estás haciendo.

Sin embargo, esto no es lo que significa no juzgar. Significa no juzgar a los demás por tus *prejuicios.* Todo el mundo tiene prejuicios (a favor o en contra de algo), los adquieres de tus padres y de los adultos que te rodean, quieran o no enseñártelos.

Practicar el no juzgar. Empieza por saber cómo juzgas a la gente.

He aquí algunos ejercicios que te ayudarán a juzgar menos:

1. **Ejercicio de prejuicio.** Consigue una foto de una persona. Escribe enseguida lo que piensas de ella. Repítelo con varias fotos. Después, busca a las personas con las que tengas reacciones negativas comunes.
2. **Lleva un diario de juicios.** Cada vez que tengas un pensamiento como "Está demasiado gorda", escríbelo. Este diario te ayuda a atrapar estos pensamientos antes de que salgan donde otros puedan oírlos. Reescríbelos como algo positivo, como "Está muy segura de su cuerpo".
3. **Lee un libro que creas que no te va a gustar por la portada.** Anota todo lo que te haya gustado. A veces acertarás con el libro, pero a menudo no. Te ayuda a juzgar menos con las primeras impresiones.
4. **Juega al juego del "No está bien".** Anota cada vez que pienses: "Eso no está bien" sobre algo que haya hecho alguien. Después, escribe una razón por la que esa persona podría haberlo hecho. En caso de duda, pregunta a tus padres.

Sección 3: Comunicación eficaz

¿Siempre entiendes lo que dicen tus amigos? ¿A veces piensan que has dicho algo completamente distinto? Todos cometemos errores de comunicación, incluso los mejores.

Aprender a comunicarse eficazmente puede ayudarte a evitar desacuerdos
https://www.pexels.com/photo/angry-little-brothers-fighting-and-pulling-toy-to-sides-4140308/

Puedes aprender a decir mejor lo que quieres decir y a entender lo que dicen los demás. Tu cerebro tiene filtros de comunicación, que incluyen emociones y prejuicios.

Para una buena comunicación se necesitan tres cosas: hablar con claridad, dar señales no verbales (no habladas) y escuchar activamente. La mayoría de estos ejercicios requieren la presencia de otras personas, así que reúne a amigos, hermanos, familiares, etc., y a practiquemos un poco.

Principio 7: Comunicación clara

No siempre puedes controlar cómo te oye la gente, pero practicar una comunicación clara te ayuda a asegurarte de que no es culpa tuya si te malinterpretan.

Ejercicios de comunicación divertidos:

1. **Describir y mostrar.** Elige un tema. Toma un objeto relacionado con ese tema, como un juguete o una paleta de jardín, y descríbelo en unas frases a tus amigos.
2. **Espalda con espalda.** Puedes jugar con un amigo. Toma un objeto, pero no dejes que tu amigo lo vea. Siéntate espalda con espalda y describe el objeto. Ellos tienen que adivinar qué es. Luego cambia.
3. **Juego de los filtros en la comunicación.** En la hoja de ejercicios, escribe todo lo que se te ocurra que dificulta la comunicación, como estar enfadado, que la persona no te caiga bien, etc. Escribe algo que puedas hacer al respecto en la columna de la derecha, como esperar a hablar hasta que te hayas calmado.

FILTRAR LA IRA

El cerebro molesto piensa

Está bien decir	Filtrar
____________________	____________________
____________________	____________________
____________________	____________________
____________________	____________________
____________________	____________________
____________________	____________________
____________________	____________________
____________________	____________________
____________________	____________________
____________________	____________________
____________________	____________________
____________________	____________________

4. **Juega al teléfono.** Es un juego clásico que se juega con un grupo de amigos. Ponte de pie o siéntate en fila. La persona que está en un extremo de la fila inventa una frase y se la susurra a la siguiente persona, que se la susurra a la siguiente, y así sucesivamente, hasta la última persona de la fila. La última persona de la fila dice la frase en voz alta. Suele ser muy divertido, pero también muestra con qué facilidad se producen errores de comunicación.

Principio 8: Señales no verbales

Las señales no verbales son importantes. Por ejemplo, si alguien dice que está bien, pero tiene los hombros caídos y los ojos tristes, probablemente no esté bien. Puedes o no querer averiguar por qué, pero al menos puedes saber que no está bien.

Leer el lenguaje corporal de las personas puede ser difícil
https://unsplash.com/photos/TV1QYUtTxJ8?utm_source=unsplash&utm_medium=referral&utm_content=creditShareLink

Aprender a leer el lenguaje corporal de los demás puede ser difícil, y a unos niños les cuesta más que a otros. Si te cuesta, habla con tus padres porque quizá necesites ayuda extra.

Ejercicios para las señales no verbales y la comunicación:

1. **Charadas.** Jugar a las charadas te ayuda a entender y leer las señales no verbales. Juega con tus amigos o con tus padres y hermanos.
2. **Juega a la mímica.** Crea un escenario de juego de rol, como comprar algo en la tienda, conocer a una persona nueva, etc. El truco está en que debes representarlo sin decir nada.

Representar un escenario sin decir nada, eso se llama mímica

https://unsplash.com/photos/ARWAWkJ68kA?utm_source=unsplash&utm_medium=referral&utm_content=creditShareLink

3. **Observación de personajes.** Reproduce una escena de un programa de televisión sin sonido. Averigua lo que se dicen los personajes, reprodúcela con el sonido y comprueba hasta qué punto te acercas.
4. **Juego del espejo.** Ponte frente a tu amigo. Uno de ustedes hace una acción y el otro tiene que copiarla. Luego cambien. Este ejercicio te ayuda a centrarte en la observación de las personas.

Principio 9: Escuchar activamente

Escuchar activamente suena raro, pero se trata de prestar atención a la persona con la que hablas y escuchar y centrarte en lo que dice.

Si tu atención se desvía mientras escuchas, te perderás cosas. Todo el mundo lo hace, pero puede dar lugar a una mala comunicación. Perderse algo puede provocar una pelea, así que deja el teléfono durante una conversación importante.

He aquí algunos ejercicios para mejorar la escucha activa:

1. **Simón dice.** Este juego de patio es una forma excelente de asegurarte de que escuchas para no acabar "fuera" rápidamente. Para darle un giro extra, cambia "Simón" por otro nombre.
2. **La caza del sonido**. Este ejercicio te ayuda a apreciar los sonidos del mundo. Utilizando una aplicación de grabación en tu teléfono, comprueba cuántos sonidos puedes encontrar en tu jardín o en un parque local. Te ayuda a fijarte en los sonidos pequeños y a concentrarte, lo que te permite escuchar mejor a los demás.
3. **Escucha un audiolibro.** En tu biblioteca encontrarás audiolibros. Es mejor elegir un libro que no hayas leído para que no sepas lo que pasa. Pide ideas a tus padres o al bibliotecario.
4. **Cuento del círculo de Robin.** Siéntate en círculo con tus amigos. Elige a alguien para que empiece una historia. Cuentan una frase y luego pasan alrededor del círculo, añadiendo cada persona una frase. Si no escuchas bien, la historia no tendrá sentido.

Sección 4: Inteligencia emocional

Las emociones son delicadas. Primero debes conocer tus emociones antes que las de los demás. Ser consciente de tus emociones significa que puedes controlar tus respuestas.

No tus emociones, sino tus respuestas. Tus sentimientos son perfectamente válidos. Está bien que te moleste que Jerry no se haya sentado contigo en la comida, pero no está bien que vayas a Jerry y le grites o le digas que ya no te gusta.

Es importante controlar las emociones, independientemente de a quién tengas enfrente

https://unsplash.com/photos/LA9iLyR_Hpo?utm_source=unsplash&utm_medium=referral&utm_content=creditShareLink

Es esencial esperar a que te calmes, lo que puede ser difícil.

Entonces, ¿qué es la inteligencia emocional? Es la capacidad de comprender las emociones, controlarlas y desarrollar la empatía. No es algo que simplemente se tenga. Debes aprenderla. Cuando lo hagas mejorará toda tu vida.

Las personas con una buena inteligencia emocional son más felices. Piensa en alguien enfadado todo el tiempo. ¿Es feliz? Lo más probable es que no, aunque piense que hacer desgraciados a los demás le hace feliz.

Para ser inteligente con las emociones hay que recordar algunas cosas básicas, como la conciencia emocional, la regulación emocional y la autorreflexión. La empatía desempeña un papel importante en todo esto, así como la gestión de tus relaciones y mantenerte motivado ante los problemas.

5 COMPONENTES DE LA INTELIGENCIA EMOCIONAL

1. Conciencia de sí Mismo
Sé consciente de tus emociones a medida que surgen.

2. Autorregulación
Controla tus impulsos tranquilízate y responde adecuadamente.

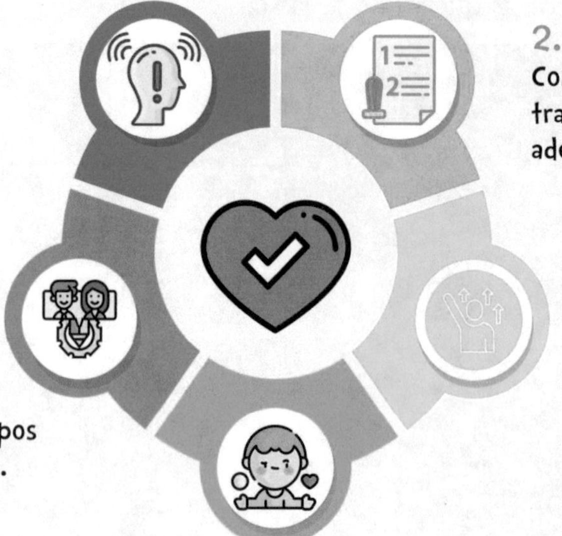

3. Automotivación
Retrasar la gratificación, mantenerse motivado y persistente ante los contratiempos.

4. Empatía
Comprender los sentimientos, las necesidades, los deseos y las preocupaciones de los demás.

5. Gestión de las Relaciones
Gestionar las emociones de los demás, organizar grupos y negociar soluciones.

Principio 10: Conciencia emocional

Conocer tus sentimientos puede parecer una obviedad, pero piensa en cuando eras mucho más joven. ¿Sabías siempre qué era una emoción o qué la provocaba? Es algo que tienes que aprender.

Aquí tienes algunos ejercicios para mejorar tu conciencia emocional:

1. **Prueba de identificación de emociones.** Observa las nueve caras y las nueve palabras de emoción. ¿Puedes emparejar una con otra? Pregunta a tus padres qué tal lo has hecho.

ADIVINA LA EMOCIÓN

Instrucciones: Relaciona la emoción con la cara correcta.

2. **Toma una emoción y utilízala como guía para escribir**. Escribe lo que probablemente haría un personaje de ficción al experimentar esa emoción.
3. **Toma una emoción y dibuja una cara que corresponda a esa emoción.** Puedes hacer el tonto, por ejemplo, poniendo cara de perro para divertirte más.
4. **Juega al "Pictionary" de las emociones**. Una persona dibuja una emoción. El resto debe adivinar qué emoción está dibujando.

Principio 11: Regulación emocional

Los niños pequeños muestran y actúan según lo que sienten. Si has estado cerca de bebés, sabes que lloran por lo que necesitan, y tienes que adivinar lo que quieren.

Con suerte, la mayoría de los adultos que te rodean no hacen esto, porque aprendieron regulación emocional. Las personas que no lo han hecho pueden ser desagradables de tratar.

Tratar con adultos que no han aprendido a regular sus emociones puede ser difícil

https://unsplash.com/photos/GT2iUnTfrd8?utm_source=unsplash&utm_medium=referral&utm_content=creditShareLink

No ser esa persona significa que debes aprender a identificar tus emociones y dejar de actuar en consecuencia si es necesario. A veces, está bien enfadarse por algo, pero la regulación emocional te permite ser inteligente a la hora de gestionar ese enfado.

Algunos ejercicios para ayudar a mejorar la regulación emocional:

1. **Toma una respiración profunda** o unas cuantas. La respiración pausada (inhalar durante cuatro, exhalar durante seis, o similar) puede ayudar. Esta acción desactiva la reacción física de tus emociones. Practica este ejercicio y utilízalo cuando te des cuenta de que te estás enfadando o disgustando.
2. **Utiliza una pelota antiestrés.** Los adultos también las utilizan. Puedes hacer una con un globo y un poco de harina, o bien pídeles a tus padres que te compren una que te guste. Puedes conseguir un animal antiestrés, un cerebro o un computador (genial si el problema es tu computador o tu teléfono). Aprieta la pelota cuando empieces a enfadarte. Apretar y relajar los músculos también atenúa las reacciones emocionales.
3. **Juega a juegos de mesa con tus amigos.** Estos juegos te ayudan a ser mejor ganador y mejor perdedor. A nadie le gusta un mal perdedor. También te ayudan a practicar la paciencia (esperar a que una persona lenta tenga su turno) y a mejorar tus habilidades comunicativas.
4. **Aprende H.A.L.T.** Del acrónimo en inglés: Hungry (hambriento), Angry (enfadado), Lonley (solitario), Tired (cansado). Cuando te enfades mucho, hazte estas cuatro preguntas: ¿Tengo hambre? ¿Estoy enfadado? ¿Me siento solo? ¿Estoy cansado? Si tienes hambre, come algo. Cuando tienes hambre, a veces tu cerebro deja de regularse correctamente, porque le falta energía, y entonces te enfadas. Si alguien dice que está "hambriento", eso es lo que quiere decir.

Principio 12: Autorreflexión

Saber qué emociones sientes es el primer paso. La autorreflexión consiste en saber cuándo y por qué sientes determinadas emociones. Todos tenemos "botones sensibles" que nos hacen enfadar o quizá te sientas triste si ese día no has salido a la calle.

Además, es bueno conocer las cosas y las personas que te hacen feliz. Siempre hay que dejar espacio para esas cosas en la vida.

Ejercicios de autorreflexión:

1. **Lleva un diario de emociones.** Al final del día, anota todas tus emociones y por qué las has sentido. Este ejercicio te ayuda a identificar y tratar las cosas que cambian tu estado de ánimo, incluyendo la búsqueda de las cosas y las personas que te hacen feliz.

2. **Crea un árbol "Yo".** Dibuja un árbol en una hoja de papel, con espacio para muchas hojas. Dibuja hojas grandes. Dibuja también tierra en la parte inferior. Ahora haz estas indicaciones: Tierra: Yo me apoyo en... Tronco: Yo estoy agradecido por... Hojas: Me encanta... Este árbol te ayuda a saber qué te hace ser tú.

ÁRBOL YO

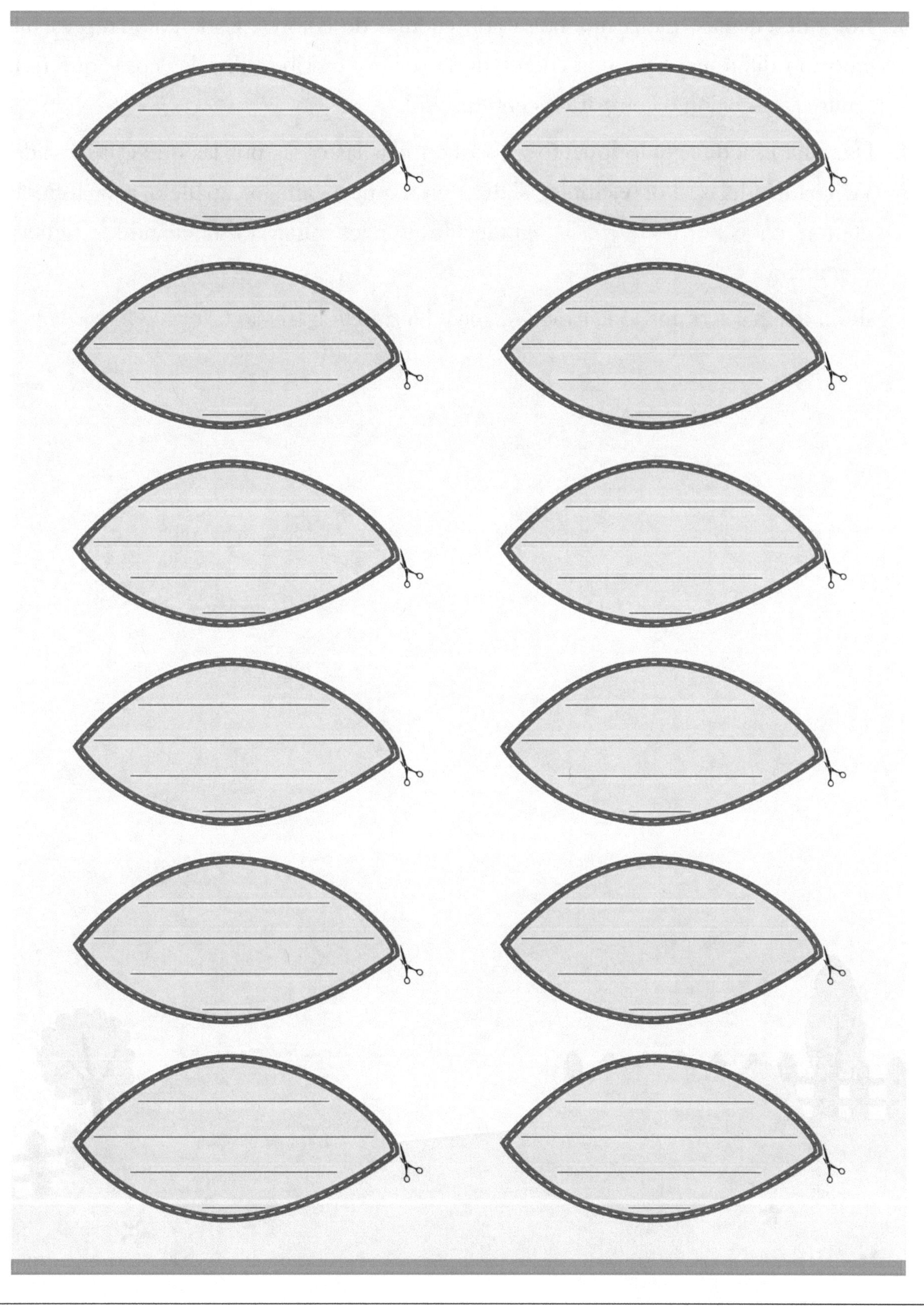

3. **Bolsa de cuentas.** Llena una bolsa con cuentas de colores. Cada color representa una emoción diferente. Saca una cuenta de la bolsa y escribe sobre las cosas que te hacen sentir esa emoción o compártelas con tus amigos.
4. **Haz una lista de agradecimientos**. Escribe todas las cosas por las que estás agradecido. Ve añadiéndolas. Por ejemplo, si haces un nuevo amigo, añádelo a la lista. Busca siempre cosas por las que estar agradecido. Puedes mirar la lista cuando te sientas mal, te animará.

Ahora que has terminado el capítulo, ¿cuál ha sido tu ejercicio favorito?

LISTA DE AGRADECIMIENTOS

Sección 5: Conexiones fructíferas

¿Qué importancia tienen tus amigos? Todos necesitamos amigos, y aunque muchas personas no conservan a sus amigos de la infancia por diversos factores, otras forman vínculos para toda la vida.

Necesitas una buena relación con tu familia, tus compañeros de clase (incluso con los que no te caen bien) y tus profesores. No es necesario que te caiga bien todo el mundo ni que te lleves bien con todo el mundo, y desde luego no tienes por qué ser amigo de la gente que no te cae bien. Sin embargo, tener buenos amigos en los que confíes te ayudará a ser feliz, a ir mejor en la escuela y a tener siempre alguien con quien hablar.

Tendrás diferentes tipos de amigos en tu vida, desde confidentes íntimos hasta personas con las que compartes aficiones y actividades, como los demás miembros del equipo deportivo.

Aprende a ser un buen amigo. Repasa las cualidades anteriores y anota las formas en que las cumples o te quedas corto.

Tres importantes reglas sociales que te ayudarán a ser un buen amigo son la cooperación, el compartir y la lealtad.

Principio 13: Cooperación

¿Has sido el niño que lo hace todo en el proyecto de grupo? Significa que el resto del grupo fracasa en la cooperación.

Cooperar significa hacer las cosas juntos, asegurándose de que nadie lleva demasiada carga. El trabajo en equipo acelera el ritmo de trabajo y contribuye a crear vínculos sólidos.

Aquí tienes algunas formas de mejorar la cooperación. Para ello necesitarás a tus amigos:

1. **Juega a un juego de mesa cooperativo.** Aunque muchos juegos tienen un ganador y un perdedor, en otros todos los jugadores trabajan juntos contra el propio juego, en el que suelen intervenir varios factores aleatorios. Los juegos de mesa cooperativos suelen tener historias divertidas para un gran entretenimiento.
2. **Cambio de manta.** Consigue una manta vieja y un par de amigos. Coloca la manta en el suelo y ponte de pie sobre ella. Debes girar la manta sin poner un pie fuera de la manta. Es más difícil de lo que parece.
3. **Conteo cooperativo.** Se necesita un grupo grande. El objetivo es contar hasta 20 haciendo que cada niño cuente el número sin un orden asignado. Si dos personas dicen el mismo número, hay que volver a empezar. También puedes retarte a ti mismo para ver hasta dónde puedes llegar.
4. **Círculo de palabras.** Elige a una persona para empezar. Debe decir una palabra, y la siguiente persona debe decir una palabra utilizando la última letra de la palabra anterior. Por ejemplo, si la persona uno dice caballo, la persona dos puede decir huevo. También puedes determinar un tema, *como los animales*, de modo que la persona uno diga caballo y la persona dos diga elefante. O que la primera palabra determine el tema (como fruta: manzana, baya del saúco).

Principio 14: Compartir

Probablemente te han dicho toda la vida que compartas, porque *es importante*, pero eso no significa que debas dejar de lado tus límites. Si alguien tiene la costumbre de no devolver los libros prestados, no tienes por qué prestarle otro libro. Ya no estás en la guardería y no tienes que compartir los juguetes con todo el mundo. Sin embargo, compartirlos con las personas que te importan es importante.

Compartir no siempre significa *cosas*. También debes compartir tu tiempo y tus intereses con tus amigos.

Compartir puede ser solo pasar tiempo con los amigos

https://unsplash.com/photos/zHJ4ph3GRyg?utm_source=unsplash&utm_medium=referral&utm_content=creditShareLink

Aquí tienes algunos ejercicios que te ayudarán a compartir más sin perder el respeto por tus límites y los de los demás:

1. **Haz un proyecto de manualidades con un amigo.** Pueden hacer un dibujo juntos o el que sea bueno dibujando dibuja y el que sea bueno recortando recorta. Te ayuda a reconocer tus puntos fuertes y los de los demás.
2. **Organiza una comida con tus amigos**. Para este ejercicio necesitarás la ayuda de un adulto. Cada uno prepara un plato y lo lleva a la fiesta. Hay puntos extra por hacer una receta familiar o algo de tu cultura.
3. **Intercambia o presta libros**. Intercambiar libros con un amigo te ayuda a practicar el compartir. También te da algo de lo que hablar cuando termines los libros.
4. **Momento de contar historias.** De nuevo, no hace falta que compartas cosas: intercambia historias entretenidas con tus amigos, como cosas que pasaron en las vacaciones de verano. Los adultos hacen esto todo el tiempo.

Principio 15: Lealtad

La lealtad es importante. Significa quedarte al lado de tus amigos, aunque estés molesto con ellos o alguien te presione. No significa que debas quedarte con alguien que está siendo excepcionalmente malo contigo o que no te es leal.

Sin embargo, si no eres leal, no conservarás amigos.

Debes aprender a dar la cara por tus amigos y a estar a su lado. Además, aprende quién se lo merece y quién no, y cuándo la lealtad significa no hacer lo que te piden. Aprender a ser leal te ayudará a crecer. Por ejemplo, también puedes ser leal a tu colegio.

Aquí tienes algunos ejercicios para aprender lealtad:

1. **Pégate a mí.** Imagina que estás pegado a un amigo. Deben permanecer tocándose durante unos minutos, caminando por una habitación. Este ejercicio también es duro físicamente.
2. **Lista de lealtad.** Escribe todas las formas en que puedes ser leal a otra persona. Considera la posibilidad de intercambiar las listas con un amigo para ver si están de acuerdo o en qué discrepan.
3. **Lista de problemas.** Escribe situaciones imaginarias en las que un amigo te pida que hagas algo. Luego clasifícalas en situaciones en las que deberías ser leal, como "Vamos a por un helado", y otras en las que podrías intentar detener a tu amigo, como "Vamos a robar un banco". Este ejercicio te ayuda a recordar que la lealtad no debe ignorar tus intereses y los suyos.
4. **Lleva un diario de promesas.** Anota cada compromiso que hagas y luego marca si lo has cumplido o por qué no lo has hecho. Así podrás detectar patrones y averiguar cómo ser una persona más leal haciendo más de lo que dices que vas a hacer.

Antes de pasar a la siguiente sección, anota cuatro cosas que hayas aprendido en este capítulo.

1.

2.

3.

4.

Sección 6: Encontrar soluciones

¿Qué haces cuando tienes un problema? ¿Tienes una rabieta o buscas una solución? Aprender a resolver problemas forma parte de la vida. Aprender a resolver problemas sociales significa encontrar puntos en común.

La resolución de problemas se define como "el proceso de encontrar soluciones a cuestiones difíciles o complejas". Son muchas palabras mayores. En términos más sencillos, significa determinar el problema y por qué existe y, a continuación, buscar posibles soluciones.

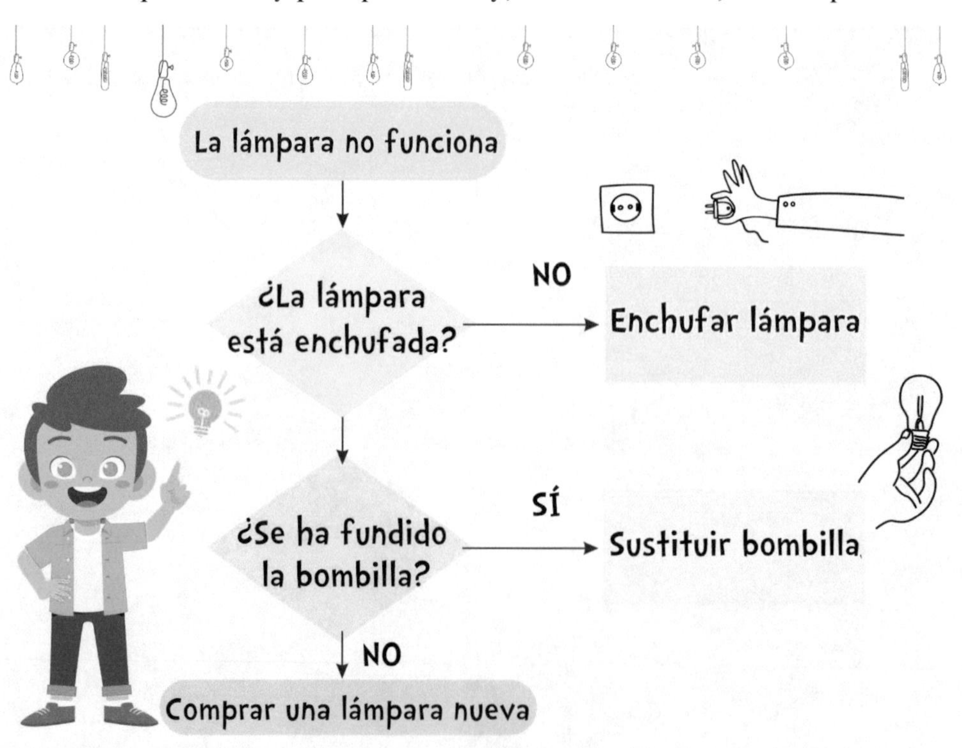

Por ejemplo, Marie y tú han tenido una pelea durante la comida. Ambas piensan que la otra estaba completamente equivocada. Podrían resolver el problema enumerando los motivos por los que cada uno se equivocó y buscando soluciones para arreglar las cosas. También pueden resolverlo pidiendo ayuda a otra persona. (Esto se llama "mediación" y es una forma estupenda de resolver problemas).

Los tres principios clave para resolver los problemas sociales son la negociación, el acuerdo y la resolución de conflictos.

Principio 16: Negociación

Probablemente ya hayas negociado sin saberlo. "Te presto mi ejemplar de Percy Jackson si..." es negociar. También puedes negociar con tus padres.

Negociar es ofrecer algo a cambio de otra cosa. Lo ideal es que cada uno consiga lo que quiere. Por supuesto, a veces quieres dejar que tus amigos compartan cosas sin condiciones. Sin embargo, en la vida tendrás que negociar todos los días.

He aquí algunos ejercicios para aprender a negociar mejor:

1. **Juega a un juego de intercambio y negociación de compras.** Monopoly y Catan funcionan bien para este ejercicio. Además, son muy divertidos.
2. **Juegos de rol.** Puedes montar escenarios con un amigo, como una tienda de mentira, y fingir que hacen trueques entre todos. Presta atención a situaciones de la vida real, como negociar qué programa de televisión ver.
3. **Haz una lista de las negociaciones en las que has participado**, por ejemplo, negociar más tiempo de pantalla para ver un programa educativo o negociar quién se queda con el asiento de la esquina en la mesa del almuerzo. Verás que hay muchas más de las que crees.
5. **El juego de los deseos.** Juega con un amigo. Escribe una lista de todas las cosas que crees que quiere la otra persona. Después, intercambien sus listas y digan cuánto han acercado.

Principio 17: Acuerdos

Llegar a un acuerdo significa renunciar a una cosa a cambio de otra o a algo que tú quieres para que un amigo tenga lo que quiere. Lo ideal es que todo el mundo acepte concesiones. Sin embargo, puede ser difícil, y a veces no quieres renunciar a nada, es natural.

Hay que aprender a elegir las batallas y reconocer que algunas cosas son más importantes que otras. Llegar a un acuerdo es un elemento clave de la negociación y la resolución de conflictos. Recuerda que el objetivo es que todo el mundo esté lo más contento posible.

He aquí algunos ejercicios de acuerdos:

1. **Ejemplos de acuerdos.** Escribe todos los ejemplos de acuerdos que se te ocurran. Después, piensa qué harías tú en esas situaciones.
2. **Objetivos de bloques.** Toma unos bloques y un amigo. Cada uno decide lo que quiere hacer con los bloques sin decírselo al otro. Este ejercicio les obliga a negociar y llegar a acuerdos para conseguir los bloques que desean.
3. **Círculo de acuerdos.** Crea una situación. Luego, dibuja dos círculos concéntricos con flechas fuera de cada uno. Escribe junto a la flecha del círculo interior: "No puedo ceder", y todas las cosas en las que no cederás. Escribe junto a la flecha del círculo exterior: "Puedo ceder", y lo que estás dispuesto a ceder.

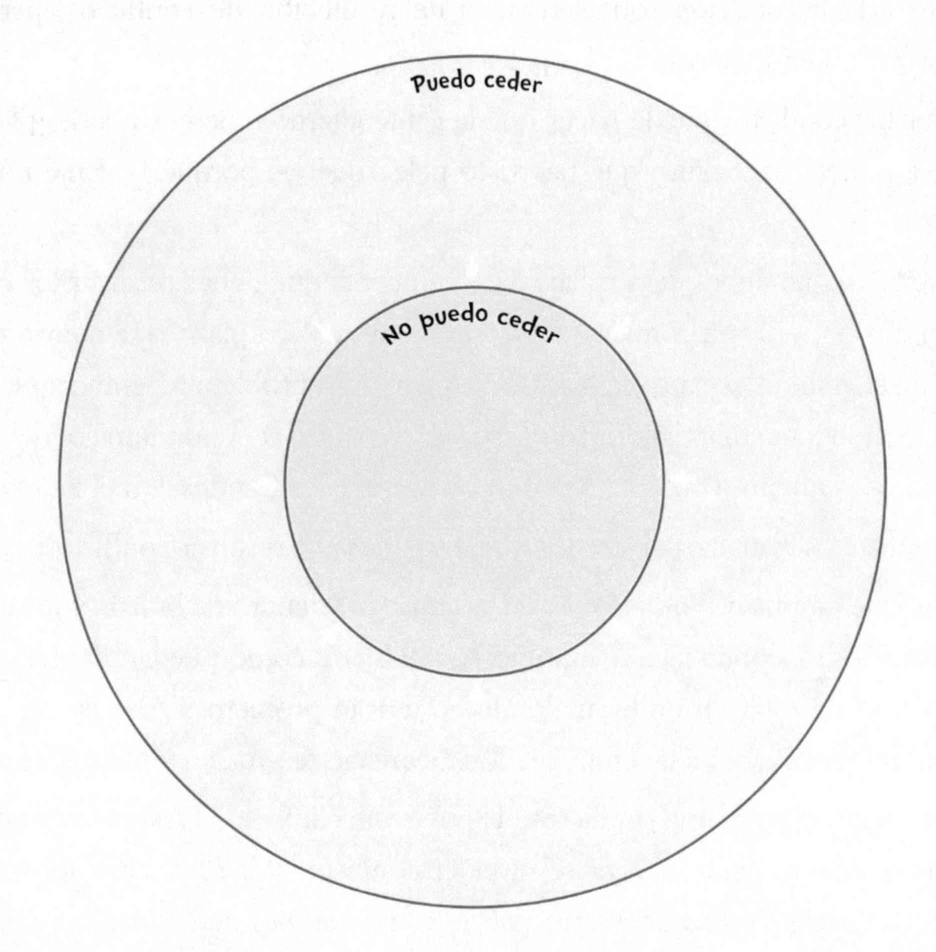

A continuación, puedes hacerlo con un amigo sobre un tema con el que tengas dificultades, pero elige un problema pequeño, no uno grande.

4. **Ejercicio previo al conflicto.** Reúnete con un amigo, escribe en un papel lo que te gusta del otro y luego intercámbialo. La próxima vez que discutan, pueden recordarse sus buenas cualidades, lo que facilitará el acuerdo. También puedes hacerlo con tus padres.

Principio 18: Resolución de conflictos

Los conflictos son inevitables. A veces se debe a la escasez de recursos: por ejemplo, solo hay un ejemplar de un libro en la biblioteca del colegio y más de uno lo quiere. A veces se debe a necesidades contrapuestas, como que a una persona le guste la habitación más caliente y a la otra más fría.

El acuerdo y la negociación son elementos de resolución de conflictos, pero en última instancia, hay que aprender a resolver las peleas.

No resolver los conflictos puede hacer que la gente guarde rencores a largo plazo o incluso que se lance a puñetazos. Seguro que has visto peleas físicas, porque la gente no se pone de acuerdo.

Es una habilidad que debes desarrollar. Ten en cuenta que debes resolver los conflictos, no evadirlos. Ignorar o evadir un conflicto suele empeorar a largo plazo o te convierte en alguien de quien todo el mundo se aprovechará. Los pequeños problemas, como que tu hermana pequeña te moleste, pueden ignorarse, pero un conflicto con un amigo debe resolverse rápidamente. Los pequeños conflictos pueden convertirse en grandes con el tiempo.

Aquí tienes algunos ejercicios divertidos que te ayudarán a resolver conflictos:

1. **Parejas que empujan**. Ponte frente a un amigo. Extiende los brazos y tócate las palmas de las manos. A continuación, empújense tan fuerte como puedan el uno contra el otro (asegúrense de estar en un lugar donde no tengan problemas si se caen). ¿Qué sientes cuando de repente dejas de empujar? Este ejercicio te ayuda a visualizar el conflicto.
2. **Diario de resolución de conflictos.** Escribe un conflicto. Después, escribe todas las formas que se te ocurran para resolver el conflicto. Puedes incluir tonterías, siempre que no las hagas tú. Pregunta a tus padres o a un adulto de confianza (si el conflicto es con tus padres) cuál es la mejor.
3. **Grandes problemas frente a pequeños problemas.** Utiliza la hoja de ejercicios y enumera ejemplos de problemas grandes y pequeños. Los problemas grandes suelen requerir la intervención de un adulto.

Tornado!	Mi horario cambió	El coche de mi madre tiene una rueda pinchada	Extraño a mi familia	Estoy muy cansado
Mi Ipad se cayó y se rompió	He perdido el autobus	No encuentro mis calcetines favoritos	Mi equipo perdió en baloncesto	Mi mejor amigo no está en la escuela hoy
El profesor no me llamó	Internet ha dejado de funcionar	Me lesioné practicando un deporte		

PROBLEMAS GRANDES	PROBLEMAS INTERMEDIOS	PROBLEMAS PEQUEÑOS

5. **Utiliza el semáforo.** Cuando te pelees con alguien, cierra los ojos e imagina un semáforo en rojo. Cuenta hasta tres antes de que se ponga amarillo. Este ejercicio te ayuda a no reaccionar demasiado rápido y a calmarte.

Sección 7: El código de confianza

Creer en uno mismo es importante. Conoces a personas que tienen más confianza en sí mismas y a otras que la tienen menos.

Descifrar el código de la confianza te ayudará a mejorar en la escuela y a tener más amigos. Amigos de verdad, no gente que solo quiere estar contigo porque eres "popular".

Confianza significa no tener miedo a ser uno mismo y conocer tus puntos fuertes. Una buena autoestima afecta a todos los aspectos de tu vida.

He aquí algunos beneficios:

- Mejores notas
- Mejora del estado de ánimo
- Mejora de la salud
- Mejores relaciones
- No meterse en demasiados problemas

A las personas seguras de sí mismas les encanta aprender y ponerse retos. Cuando crees en ti mismo y en tus capacidades, querrás ser mejor en todo. Estudiarás más, te cuidarás y evitarás los problemas. Al igual que proteges tu juguete favorito, también te protegerás a ti mismo, porque te quieres. La confianza hará que aceptar tus errores y fracasos sea más fácil para que puedas superarlos rápidamente y centrarte en lo que viene después. Por ejemplo, no te enfadarás contigo mismo cuando suspendas un examen. Sabes que eres un buen estudiante y comprendes que se trata solo de un examen. Aprenderás de tus errores y estudiarás más para hacerlo mejor la próxima vez.

Una forma de mejorar tu autoestima es identificar tus puntos fuertes y tus talentos.

MIS FORTALEZAS

- [ ] Honesto
- [ ] Bueno Para Aprender
- [ ] Bueno Para Compartir
- [ ] Leal
- [ ] Creativo
- [ ] Amable
- [ ] Paciente
- [ ] Apreciativo
- [ ] Indulgente
- [ ] Empático
- [ ] Independiente
- [ ] Atento
- [ ] Confiable
- [ ] Agradecido
- [ ] Fiable
- [ ] Determinado
- [ ] Optimista
- [ ] Perspicaz
- [ ] Persistente
- [ ] Cooperador
- [ ] Cariñoso
- [ ] Esperanzador
- [ ] Aventurero
- [ ] Gracioso
- [ ] Atlético
- [ ] Un Líder
- [ ] Seguro
- [ ] No crítico
- [ ] Resiliente
- [ ] Inteligente
- [ ] Curioso
- [ ] Con iniciativa propia
- [ ] Humilde
- [ ] Artístico
- [ ] Útil
- [ ] Enfocado
- [ ] Bueno para resolver problemas
- [ ] Acepta a los demás
- [ ] Un pensador flexible
- [ ] Amoroso
- [ ] Capaz
- [ ] Comprensivo
- [ ] Compasivo
- [ ] Un Buen Amigo
- [ ] Trabajador
- [ ] Responsable
- [ ] Valiente
- [ ] Con talento en: ________
- [ ] Otro: ________
- [ ] Otro: ________
- [ ] Otro: ________
- [ ] Otro: ________

Mis Tres Puntos Fuertes Son:

1. ________
2. ________
3. ________

Dos puntos fuertes que quiero desarrollar son

________ y ________

Pasos que puedo dar para desarrollar estos puntos fuertes:

1. ________
2. ________
3. ________

1. ________
2. ________
3. ________

Tener confianza también significa estar menos ansioso, especialmente en situaciones sociales.

Tres principios que ayudan a aumentar la confianza en uno mismo son el diálogo positivo con uno mismo, la fijación de objetivos y la asertividad.

Principio 19: Diálogo positivo con uno mismo

La gente suele decir las peores cosas de sí misma. Tanto si te burlas de ti mismo como si menosprecias tus puntos fuertes, te hablas a ti mismo de formas que nunca hablarías a los demás.

El diálogo negativo con uno mismo puede provocar depresión y baja autoestima, y es una trampa difícil de superar.

Desarrollar hábitos positivos de diálogo interno puede mejorar sustancialmente el estado de ánimo y la confianza en uno mismo.

Aquí tienes algunos ejercicios de confianza:

1. **Imagina que eres un amigo muy querido.** Di algo positivo como se lo dirías a un amigo. Tú eres tu mejor amigo. Habla como tal.
2. **Usa afirmaciones.** Di algo positivo sobre ti mismo en el espejo cada mañana antes o después de lavarte los dientes. Por ejemplo, "Soy fuerte" o algo más específico como "Se me dan muy bien las matemáticas". Pregúntale a tus padres o a un amigo si tienes dificultades para pensar en algo bueno.
3. **Evita a las personas negativas**. Si alguien dice constantemente cosas malas de ti, no es tu amigo. Aléjate de ellos.
4. **Verificación de pruebas**. Cuando pienses algo malo de ti mismo, pregúntate si hay alguna prueba que lo demuestre. Si no la hay, *haz callar a esa voz.* Si la hay, contrarréstala recordándote algo bueno sobre ti. Quizá sacaste mala nota en química, pero buena en inglés.

Principio 20: Fijar objetivos

Los adultos se fijan objetivos todo el tiempo. Pueden ser objetivos económicos, como ahorrar para las vacaciones o pueden ser objetivos relacionados con un hobby, como aprender a tejer.

Fijar objetivos puede acabar con tu confianza si lo haces mal, pero una fijación de objetivos adecuada te da victorias para inflarte. No te pongas metas que escapen a tu control. Por ejemplo, aunque es muy tentador fijarse notas como objetivo, a veces sacas una mala nota por motivos que escapan a tu control.

Cuando establezcas objetivos, asegúrate de que sean S.M.A.R.T., el acrónimo en inglés de: Specific (específicos), Measurable (mensurables), Attainable (alcanzables), Realistic (realistas) y Timely (oportunos). No suena muy fácil, pero simplemente significa saber cuándo has alcanzado el objetivo, no estarás trabajando en él para siempre y fijarte una meta que puedas alcanzar. Divide los objetivos en partes más pequeñas para poder alcanzarlos más rápidamente.

He aquí algunos ejercicios para fijar objetivos:

1. **Escalera de objetivos.** Dibuja una escalera. Escribe tu objetivo en la parte superior. Después, escribe un paso para alcanzar ese objetivo en cada peldaño. Puedes poner una pegatina en los peldaños cuando los consigas.

MI ESCALERA DE OBEJTIVOS

Mi Objetivo: ______________________________

PASO # 10

PASO # 9

PASO # 8

PASO # 7

PASO # 6

PASO# 5

PASO# 4

PASO# 3

PASO # 2

PASO# 1

2. **Hacer una lista de cosas que hacer antes de morir.** Los adultos suelen hacer listas de cosas que quieren hacer en su vida. Para los niños, es mejor hacerla más corta, por ejemplo, para dentro de un año. Compártela con los adultos de tu vida, ya que algunas cosas pueden necesitar ayuda para conseguirlas.
3. **Haz una lista de obstáculos.** Piensa en un gran objetivo y anota todo lo que podría interponerse en tu camino. Por ejemplo, tú y tus padres se han fijado el objetivo de ir de excursión a una montaña cercana. Un obstáculo podría ser el mal tiempo. Obstáculos como el tiempo deben sortearse programando cuidadosamente la excursión. Otros obstáculos pueden convertirse en mini-objetivos.
4. **Afirma tus objetivos.** Di tu objetivo del día cada mañana para tenerlo presente y poder centrarte en él.

Principio 21: Asertividad

No está mal ser asertivo. Puede que te lo hayan dicho, sobre todo si eres chica. La asertividad es buena, lo malo es la agresividad.

Ser asertivo significa defender lo que uno quiere y, en situaciones sociales, no tener miedo a hablar. No suena tan mal, ¿verdad?

También puede dar miedo. A la mayoría de los adultos les da miedo hablar en público, porque requiere ser asertivo. También es probable que te dé miedo hablar ante toda la clase. Sin embargo, practicar la asertividad ayuda.

Aquí tienes algunos ejercicios que te ayudarán a ser más asertivo:

1. **Practica hablar en público.** Empieza poco a poco, porque esto puede dar miedo. Pronuncia un discurso ante ti mismo en el espejo unas cuantas veces, y luego ante tus amigos de confianza.
2. **Practica los mensajes "yo".** También sirven para resolver conflictos. "Yo siento que" es una buena forma de expresar tus necesidades, porque no afirma un "hecho" ni culpa a la otra persona.
3. **Hoja de trabajo "Pasiva, agresiva, asertiva".** Escribe las tres columnas en la parte superior y, a continuación, ordena las frases en cada una de ellas. Utiliza palabras que hayas dicho u oído o diálogos de un libro. Enséñasela a tus padres para ver qué has acertado.

COMUNICACIÓN PASIVA, AGRESIVA Y ASERTIVA

Comunicación Pasiva

Durante la comunicación pasiva una persona da prioridad a las necesidades, deseos y sentimientos de los demás, incluso a expensas de sí misma. La persona no expresa sus propias necesidades o no las defiende. Esto puede llevar a que se aprovechen de ella, incluso personas bienintencionadas que no son conscientes de las necesidades y deseos del comunicador pasivo.

De voz suave / tranquila
Permite que otros se aprovechen
Prioriza las necesidades de los demás

Poco contacto visual / mira hacia abajo o hacia otro lado
No expresa sus propias necesidades o deseos
Falta de confianza

Comunicación Agresiva

Mediante la comunicación agresiva, una persona expresa que solo importan sus propias necesidades, deseos y sentimientos. Se intimida a la otra persona y se ignoran sus necesidades.

Se frustra fácilmente
Habla en voz alta o de forma prepotente
Reacios al acuerdo

Uso de la crítica, la humillación y la dominación
Interrumpe con frecuencia o no escucha
Falta de respeto hacia los demás

Comunicación Asertiva

La comunicación asertiva hace hincapié en la importancia de las necesidades de ambas personas. Durante la comunicación asertiva, una persona defiende sus propias necesidades, deseos y sentimientos, pero también escucha y respeta las necesidades de los demás. La comunicación asertiva se define por la confianza y la voluntad de compromiso.

Escucha sin interrupción
Expone claramente sus necesidades y deseos
Dispuestos a llegar a acuerdos

Defiende sus derechos
Tono y lenguaje corporal seguros
Buen contacto visual

Ejemplos

Supuesto	
Pasiva	
Agresiva	
Asertiva	

COMUNICACIÓN PASIVA, AGRESIVA Y ASERTIVA

Supuesto	Tu profesor te pide que te quedes después de clase, porque vas retrasado con respecto al resto de la clase. Sin embargo, hoy tienes planes con tu familia.
Pasiva	
Agresiva	
Asertiva	

Supuesto	Tu hermano ha dejado un desastre en la habitación que comparten y estás demasiado ocupado para limpiar.
Pasiva	
Agresiva	
Asertiva	

Supuesto	Estás en un restaurante y el camarero te ha traído el plato equivocado.
Pasiva	
Agresiva	
Asertiva	

Supuesto	Un amigo se presenta en tu casa sin invitación. Normalmente estarías encantado de dejarle entrar, pero esta vez estás ocupado.
Pasiva	
Agresiva	
Asertiva	

4. **Enseña algo**. A lo mejor tu familia tiene un juego de mesa que ninguno de tus amigos tiene. Sácalo y enseña a tus amigos a jugar. Utiliza algo que conozcas bien para ganar confianza. Todo el mundo tiene algo que enseñar.

Sección de reflexión

a. Nombra cinco cosas de tu lista de cosas que hacer antes de morir.

b. Escribe cinco citas positivas que hayas utilizado para hablar de ti mismo.

Sección 8: Respeto para todos

Piensa en tus compañeros de clase. No todos son iguales. Puede que tengas compañeros de distintas razas, con padres más ricos o más pobres, o de distintos orígenes culturales.

Es importante respetar a todo el mundo a pesar de sus diferencias

https://unsplash.com/photos/AEaTUnvneik?utm_source=unsplash&utm_medium=referral&utm_content=creditShareLink

Aprender a respetar a todo el mundo a pesar de sus diferencias es todo un reto. Muchos adultos nunca lo consiguen, así que empezar ahora te ayudará a ser mejor persona.

Debes aprender a evitar los estereotipos y las suposiciones, incluidas las que puedas oír de los adultos. Cuestiona cualquier afirmación que empiece por "todos" o "esas personas". Ningún grupo de personas es "todo".

Trata a todo el mundo con amabilidad. Escucha cuando hablen de sí mismos. Hay que apreciar y valorar las diferentes culturas.

Los tres principios son la aceptación de las diferencias, la sensibilidad cultural y el respeto por las creencias de los demás.

Principio 22: Aceptar las diferencias

"Ese chico es raro". Puede que hayas oído esto antes. A menudo, otros niños deciden que alguien es raro, porque actúa de forma diferente. Puede que sean autistas o puede que sean inmigrantes de otro país que todavía están perfeccionando su idioma.

Aprender a aceptar las diferencias no significa ignorarlas o tolerarlas, sino abrazarlas.

Puede ayudar ver lo que tienen en común. El niño que se acaba de mudar de Alemania puede tener un acento muy marcado y un hermano pequeño muy pesado. Puedes estrechar lazos por las cosas comunes y aceptar las que son diferentes.

Aquí tienes algunas cosas divertidas que puedes hacer:

1. **Investiga sobre otra cultura.** Si estás investigando la cultura de un compañero, hazle preguntas amables sobre ella. A cambio, comparte historias sobre las tradiciones de tu familia.
2. **Lee un libro con un protagonista muy diferente a ti.** Pide consejo al bibliotecario de tu colegio.
3. **Crea un collage de diferencias.** Consigue revistas viejas, recorta fotos de personas diferentes y colócalas en una cartulina. Cuélgalo donde te recuerden que hay que respetar las diferencias culturales. Pide ayuda si la necesitas.
4. **Reúnete con tus amigos y haz una colcha de la diversidad.** Cada persona dibuja en la colcha algo que represente su cultura.

Principio 23: Sensibilidad cultural

Más palabras mayores. Significa que hay que entender que la gente tiene culturas diferentes y no "clasificarlas". Mucha gente pone su cultura por encima.

La gente también "exotiza", es decir, mira la cultura de otra persona y la considera genial. No deberías disfrazarte de la cultura de otra persona en Halloween, podrían ofenderse.

La sensibilidad cultural empieza por entender que cada persona tiene su propia cultura. Tu familia tiene su propia minicultura: piensa en las cosas que haces de forma diferente a tus amigos.

Algunos ejercicios para aprender sensibilidad cultural:

1. **Escucha canciones en otros idiomas.** En YouTube hay muchas canciones en casi todos los idiomas, o pídeles a tus padres que te las busquen. La música es comprensible, pero la letra no. ¿Son estas canciones mejores o peores que las que tú escuchas? ¿O solo son diferentes?
2. **Lee cuentos populares de otras culturas.** Por ejemplo, pide a tus padres que te busquen distintas versiones de Cenicienta. ¿Sabías que hay una Cenicienta china y otra india?

3. **Practica los nombres.** Puede ser difícil pronunciar nombres desconocidos. La gente maleducada les pone sobrenombres para que no aprendan a pronunciarlos correctamente. Empieza con los nombres de tus compañeros de clase o trabaja con nombres de personajes famosos: tu actor extranjero, ídolo deportivo o grupo musical favorito.
4. **Aprende frases en otros idiomas.** Puedes aprender a dar las gracias en un montón de idiomas, lo que te recordará que todo el mundo se comunica.

Principio 24: Respeto por las creencias de los demás

¿Va tu familia a la iglesia? ¿O a la sinagoga? Otras personas tienen creencias diferentes, no solo sobre Dios o dioses. También pueden tener ideas diferentes sobre la vida familiar, cómo está formado el universo o qué se puede comer y qué no.

Respetar las creencias de los demás es importante siempre que no te perjudiquen. No tienes que respetar necesariamente a la persona que sigue intentando convertirte, porque no te está respetando, y tiene que ir en ambas direcciones.

Quizá tengas un amigo vegetariano. No deberías seguir intentando que coman pollo frito.

Algunos ejercicios para fomentar el respeto a otras creencias:

1. **Investiga la religión de otra persona.** Considera la posibilidad de ir a su lugar de culto y (educadamente) echar un vistazo. Un templo hindú es muy diferente de una iglesia metodista.
2. **Enumera tus valores.** Conocer tus valores te ayuda a respetar los de los demás. Escribe si crees en Dios, qué opinas de comer animales, etc. Habla también de esto con tus padres. Tus valores pueden coincidir con los suyos, pero también puede que no.
3. **Intercambia valores.** Con un amigo íntimo, cada uno debe escribir lo que cree que valora el otro. Este ejercicio ayuda a lidiar con las suposiciones, a entenderse mejor y a ver cosas sobre uno mismo.
4. **Dibuja un árbol de las religiones.** En el tronco, pon las cosas que tienen en común la mayoría de las religiones. En las ramas, pon las cosas que son diferentes. Observa que cosas básicas como "Ayuda a los necesitados" son comunes, incluso a otras creencias como el ateísmo. Las ramas suelen ser cosas como "Celebra Hanukkah" o "Usa henna cuando te casas".

ÁRBOL DE LA RELIGIÓN

Sección 9: Abordar el acoso escolar

¿Has sufrido acoso escolar? ¿Conoces a algún acosador? El acoso es algo habitual y muchos niños lo hacen o son víctimas de él.

El acoso tiene muchas formas diferentes

https://www.pexels.com/photo/two-girls-gossiping-with-one-another-6936406/

Algunos niños simplemente no son muy amables. Un error común es pensar que solo hay acoso si hay golpes o empujones. Sin embargo, el acoso puede adoptar distintas formas:

- **Físico**. Golpes, empujones, tirones de pelo, etc. El acoso físico puede derivar en peleas y causar daños graves, incluidas lesiones y daños materiales, como romperle las gafas a alguien.
- **Verbal**. Insultar a las personas, decirles cosas desagradables a la cara, incluso utilizar malas palabras sobre la raza, el sexo o el aspecto físico. El acoso verbal afecta a la

autoestima.

- **Social.** Cuando el acosador intenta dañar tus relaciones con los demás. Por ejemplo, amenazando a alguien si sale contigo. Te aísla y, si tiene éxito, te provoca ansiedad social.
- **Ciberacoso.** El acoso por Internet puede ser verbal o social, pero merece su propia categoría, porque suele ser más difícil de tratar.

El acoso social puede ser difícil de reconocer, ya que la persona acosada no suele verlo. A veces puede ser difícil darse cuenta de que uno mismo lo está haciendo.

Los tres principios para hacer frente al acoso son reconocer, denunciar y rechazar. Estos pasos crean un lugar seguro donde no se tolera el acoso.

Principio 25: Reconocer

A veces, es muy fácil reconocer el acoso escolar. Un niño más grande que obliga a otro más pequeño a darle una chocolatina es fácil de notar.

Sin embargo, a veces es mucho más difícil.

Aquí tienes algunos ejercicios que te ayudarán:

1. **Acosador o amigo.** La hoja de ejercicios te pide que marques cada afirmación como intimidatoria o amable (amigo).

¿AMIGO O MATÓN?

Lee cada frase. Si describe a un amigo, colorea la cara feliz.
Si describe a un matón, colorea la cara malvada.

Se preocupa por cómo se sienten los demás.

Se ríe cuando los demás se equivocan.

Toma turnos y comparte.

Juega con todos.

Es amable y respetuoso.

Intenta hacer que los demás parezcan tontos o que no son geniales.

Utiliza palabras corteses o amables.

Empuja, golpea o da puñetazos a otras personas.

Dice apodos crueles a la gente.

Ayuda a los demás.

2. **Aprende las señales de que tus amigos pueden estar siendo acosados.** No solo las señales de que alguien les ha pegado, sino también si ves que alguien se esconde detrás del profesor, se sienta solo o evita actividades, es posible que esté siendo acosado.
3. **Termómetro del acoso escolar.** Algunos acosos son peores que otros. Algunos son peores para unas personas que para otras. Algunos niños soportan mejor que les empujen que que les insulten. Anota los distintos tipos de acoso y ordénalos de frío (no tan malo) a caliente (terrible). Pídele a un amigo que lo haga también y comparen, por ejemplo, los insultos, los rumores y los puñetazos.
4. **Haz una lluvia de ideas sobre por qué crees que los acosadores lo hacen.** ¿Quieren sentirse más poderosos? ¿Ser aceptados? ¿Evitar ser acosados? Los acosadores tienen motivos.

Principio 26: Denunciar

El acoso sigue ocurriendo cuando los adultos nunca se enteran. Puede que tengas miedo de denunciar al acosador por si toma represalias (¡intenta vengarse de ti!). O puede que te sientas avergonzado, porque el acoso te parece una estupidez.

También puedes pensar que los adultos no harán nada.

Tu colegio debe tener una política contra el acoso escolar. Léela o pide a tus padres que te la expliquen. Si todo lo demás falla, habla con tus padres. Ellos pueden ayudarte. No solo tienes que denunciar los casos de acoso que te ocurran a ti, sino que también debes denunciar el acoso que sepas que sufren otras personas. Por ejemplo, si alguien está difundiendo rumores desagradables sobre Christine, debes denunciarlo.

Sin embargo, lo más difícil es no querer denunciarlo. Estos ejercicios para practicar la denuncia te ayudarán:

1. **Juego de rol.** Crea un escenario imaginario de acoso con un amigo de confianza y luego cuéntaselo a tu amigo. Así practicarás la denuncia y te resultará más fácil contárselo a un adulto.
2. **"No es culpa mía".** El objetivo del acosador es hacerte sentir avergonzado e indefenso. Es mucho más fácil denunciar el acoso si no te sientes así. Repítete a ti mismo "No es culpa mía" hasta que te lo creas, y será mucho más fácil denunciar. Tú no has hecho nada malo. Lo hizo el acosador.

3. **Anota los pasos para denunciar el acoso en tu centro de estudios.** Escribir algo hace que sea más fácil de recordar. Por ejemplo, haz una lista para hablar con un profesor, con tus padres, etc.
4. **Utiliza afirmaciones.** Di tres cosas buenas sobre ti mismo cada mañana. Muchos niños no denuncian el acoso, porque se convencen de que se lo merecen.

Principio 27: Rechazar

Rechazar es enfrentarse al acosador, pero eso no siempre es seguro. Por ejemplo, debes intentar no devolver el golpe. Uno de los trucos favoritos de los acosadores es provocarte para que des el primer puñetazo y luego denunciarte por pelear. Contraataca físicamente solo si te atacan y necesitas defenderte.

Rechazar significa dos cosas:

- No dejes que el acosador te afecte si puedes evitarlo. Mantener la calma y no reaccionar emocionalmente a veces puede hacer que cambien de objetivo.
- No participes. No formes parte del problema.

Por ejemplo, si alguien intenta que rechaces a otra persona que no te ha hecho nada, no le sigas la corriente. Si tienes que elegir, no elijas al acosador, por mucho que te duela. A veces, el acosador es tu amigo, o tú crees que lo es.

Aquí tienes algunos ejercicios y consejos para rechazar a los acosadores:

1. **Utiliza el botón de bloqueo.** Si te están acosando en Facebook o en otra aplicación social, bloquéalos. Hazlo después de guardar todo lo que te digan. Anima a tus amigos a hacer lo mismo.
2. **Aprende las "prohibiciones de acoso".** Háblalo con tus padres. Son frases cortas que memorizas y que puedes sacar cuando veas que alguien está siendo acosado. Pueden incluir "te estás pasando de la raya", "ya basta" o "como quieras". Practícalas.
3. **Cambia de tema.** Practica esto con tus amigos. Si alguien está siendo acosado verbalmente, inicia una conversación diferente. Pregunta por el resultado del último partido de fútbol, por el tiempo o por algo que haya pasado en clase.
4. **Haz algo amable.** Haz algo amable por la persona acosada. Salúdala. Ofrécete a sentarte a su lado. Puedes ayudarles a sentirse mejor y a defenderse.

Sección 10: La unión hace la fuerza

Todo en este libro funciona en conjunto. Piensa en él como un todo, no en 27 partes diferentes.

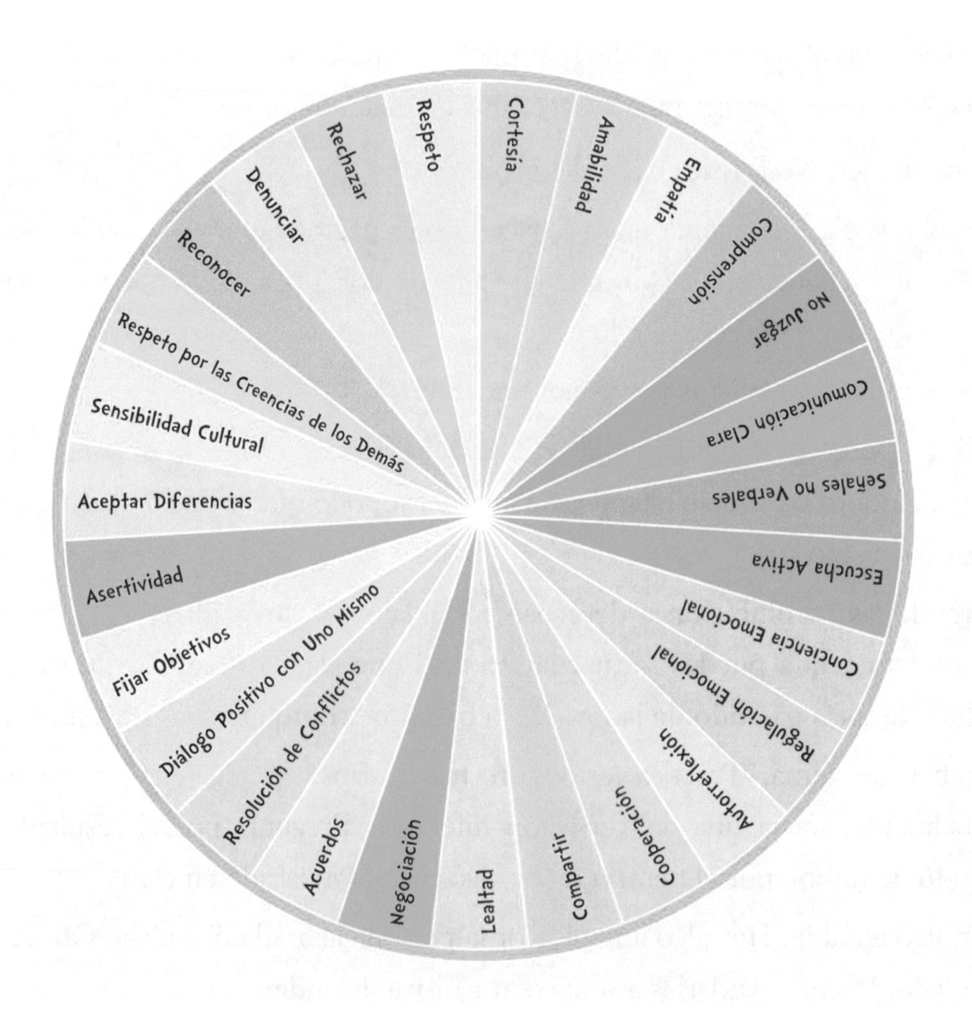

Entonces, ¿Cómo se conectan? Mira el diagrama de arriba: verás líneas que los conectan. Por ejemplo, la autorreflexión te ayuda a rechazar a los acosadores. El diálogo positivo con uno mismo ayuda a no juzgar a los demás.

Así que aquí tienes unos cuantos ejercicios para ponerlo todo en orden:

1. **Charadas de emociones.** Escribe las emociones, elige una y represéntala ante tus amigos. Esto combina la conciencia emocional y la comunicación no verbal.
2. **Haz una lluvia de ideas sobre lo que hace a un buen amigo.** Haz una lista con tus amigos. Esto ayudará a trabajar la lealtad, el diálogo positivo con uno mismo y a reconocer el acoso.
3. **Juega al juego de las disculpas.** Crea un escenario y clasifica las posibles disculpas en reales o falsas. Esto te ayudará a trabajar la negociación, la comunicación clara y la resolución de conflictos.
4. **Juega al juego de las bromas.** Hazlo con alguien en quien confíes de verdad. Uno de ustedes se burla del otro, y el otro no debe reaccionar o debe practicar alejarse. Esto ayuda a ambos a reconocer y rechazar la intimidación y lo que no se debe decir.

Recuerda que estás practicando habilidades sociales siempre que hablas con alguien, en la escuela o en casa. A veces, te resulta más fácil relacionarte con los demás si piensas en lo mucho que estás aprendiendo.

Ejercicio

Ahora que has terminado el libro, escribe todas las lecciones que has aprendido.

EJERCICIO

Mensaje de agradecimiento

Aprender mejores habilidades sociales es difícil. Gracias por trabajar en ello.

¿Te ha gustado leer el libro? Aunque hay actividades divertidas y geniales, también hay lecciones interesantes que no debes olvidar. El libro te da toda la información que necesitas para entender el mundo de las interacciones sociales. Por ejemplo, si quieres saber si alguien está enfadado, escúchale activamente y fíjate en sus señales no verbales. También puedes entrenarte para ser más empático y sentir el dolor de la gente. A través de la empatía, puedes construir relaciones sanas y fuertes. El libro también trata de la inteligencia emocional y te enseña a comprender y regular tus emociones.

La regla principal para socializar es conectar con la gente. El libro explica ciertas cualidades como compartir, cooperar y ser leal para que puedas comunicarte mejor y conectar con los demás.

Ya sabes que tus padres siempre te dicen: para cada problema hay una solución. Sin embargo, a veces no la encuentras. El libro te enseñó a resolver conflictos, llegar a acuerdos y negociar para solucionar problemas.

Si quieres ser feliz y hacer amigos, debes respetar siempre a los demás y hacer que se sientan queridos. En este libro has aprendido a aceptar las diferencias de los demás y a tratarlos con amabilidad. Todas las lecciones de este libro te ayudarán ahora y más adelante en tu vida. Así que úsalo como guía y vuelve a él siempre que tengas dificultades y necesites ayuda.

Gracias por comprar este libro. Espero que te lleves de él herramientas que te ayuden en la vida. Los adultos también tienen todos estos problemas, salvo que a menudo son mayores. Este libro te ayudará a recorrer el camino correcto.

El resto lo tienes que hacer tú: escuchar a los demás, fijar objetivos y, sobre todo, ser amable.

Si primero piensas en ser amable, lo demás suele venir solo. Gracias por ser amable.

Mira otro libro de la serie

Referencias

And, C. (s.f.). Sensibilidad cultural. Nyc.gov. https://www.nyc.gov/assets/ochia/downloads/pdf/cultural_sensitivity_wkshp.pdf

Fell, A. (2022, abril 15). Una revisión de la investigación muestra que la autoestima tiene beneficios a largo plazo. UC Davis. https://www.ucdavis.edu/curiosity/news/research-review-shows-self-esteem-has-long-term-benefits

Guerra-Bustamante, J., León-del-Barco, B., Yuste-Tosina, R., López-Ramos, V. M., & Mendo-Lázaro, S. (2019). Inteligencia emocional y bienestar psicológico en adolescentes. International Journal of Environmental Research and Public Health, 16(10), 1720. https://doi.org/10.3390/ijerph16101720

Lebow, H. I. (2016, mayo 17). Inteligencia emocional (IE): Componentes y consejos. Psych Central. https://psychcentral.com/lib/what-is-emotional-intelligence-eq

Volpe, A. (2022, julio 6). Cómo ser un poco menos crítico. Vox. https://www.vox.com/even-better/23188518/be-less-judgmental-tips

¿Qué es la escucha activa? (s.f.). United States Institute of Peace. https://www.usip.org/public-education-new/what-active-listening

Bryant, Colleen Doyle. "¿Qué es la empatía?". *Talking with Trees Books*, https://talkingtreebooks.com/teaching-resources-catalog/definitions/what-is-empathy.html#:~:text=Empathy%20is%20being%20able%20to%20know%20how%20someone%20else%20is,see%20things%20from%20their%20view.

"Por qué fomentar la confianza puede beneficiar a los alumnos y ayudarles a alcanzar sus objetivos". *NCFE*, www.ncfe.org.uk/all-articles/confidence-benefits-learners/.